In Extenso

Textes
Benjamin Leduc

Dessins et Couleurs
Thomas Cabellic

LES ÉCOLOS

«Pour Billy, mon bébé bio !»
BL

Collection In Extenso

•

Les Amoureux
Les Bimbos (à paraître)
Les Brunes
Les Chauves
Les Cons (à paraître)
Demain, j'arrête !
Les Écolos (à paraître)
Les Mecs
Les Nanas (à paraître)
Les Rousses (à paraître)
La Zen Attitude

www.editionsclairdelune.com
Stylique : Pierre LEONI
Dépôt légal : avril 2008 · ISBN : 978-2-35325-050-9
Première Édition
Imprimé en France par Caractère / Reliure SIRC

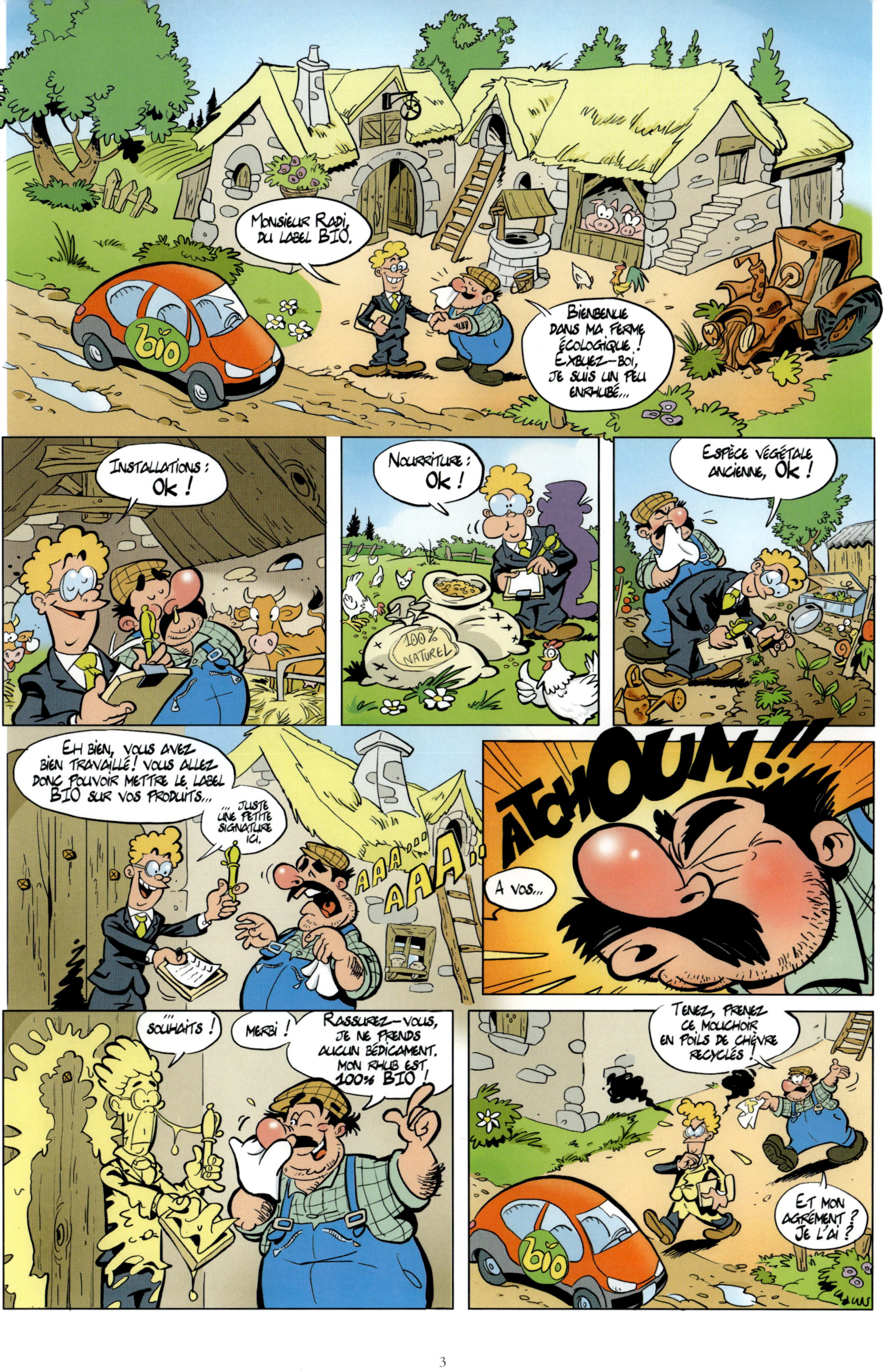

Monsieur Radi, du label BIO.
Bienbenue dans ba ferme écologique ! Exbuez-boi, je suis un peu enrhubé...
Installations : Ok !
Nourriture : Ok !
100% naturel
Espèce végétale ancienne, Ok !
Eh bien, vous avez bien travaillé ! Vous allez donc pouvoir mettre le label BIO sur vos produits...
... juste une petite signature ici.
AAA... AAA...
A vos...
ATCHOUM !!
... souhaits !
Merbi !
Rassurez-vous, je ne prends aucun bédicament. Mon rhub est 100% BIO !
Tenez, prenez ce mouchoir en poils de chèvre recyclés !
Et mon agrément ? Je l'ai ?

ALORS ELLE EST PAS BONNE MA SALADE DU JARDIN ? PAS D'ENGRAIS NI DE PESTICIDE... RIEN QUE DU NATUREL !
OUI, ELLE EST TRÈS CROQUANTE.
HOULÀ ! ON A PU D'VITAMINE ! J'VAIS CHERCHER LA P'TITE SOEUR !
JE VAIS PRÉPARER LE DESSERT.
TU NE TROUVES PAS QUE TOUS LEURS LÉGUMES ONT UN DRÔLE DE GOÛT !
OUI, JE N'ARRIVE PAS À SAVOIR CE QUE C'EST, POURTANT ÇA M'EST FAMILIER...
DIS-MOI, OÙ SONT LES TOILETTES S'IL TE PLAÎT ?
HA OUI ! C'EST LA CABANE AU FOND DU JARDIN... COMME DANS LA CHANSON, HA HA !!
SPLOUF !
C'EST NORMAL QU'IL N'Y AIT PAS DE CHASSE D'EAU ?
BIEN SÛR ! UNE CHASSE D'EAU, C'EST DIX LITRES D'EAU GASPILLÉES POUR RIEN !
VENEZ VOIR, JE VAIS VOUS FAIRE UNE DÉMONSTRATION DES TOILETTES ÉCOLOGIQUES.
ZZZ
ON RÉCUPÈRE LE COMPARTIMENT PRÉVU À CET EFFET...
EN PLUS, JE NE SAIS PAS SI VOUS AVEZ SENTI MAIS LE PARFUM DES LÉGUMES S'EN RESSENT !!
SI SI, ON LE SENT TRÈS BIEN !
MayDay ! MayDay !

LE MÉTHANE ÉMIS PAR LES PETS DES VACHES SERAIT RESPONSABLE POUR 28 % DE L'EFFET DE SERRE !
IL FAUT FAIRE QUELQUE CHOSE !
LE CIEL
CLIMAT
NON
BING
TUNG
PENG
AÏE !!
SI, JE T'ASSURE, C'EST POUR LE BIEN DE L'ENVIRONNEMENT... JE T'EXPLIQUE...
?
UNE FOIS SA DIGESTION FAITE, LES MICRO-ORGANISMES DE SON ESTOMAC AGISSENT ET C'EST LE PET !
ON EMPÊCHE AINSI LA PROPAGATION DU GAZ DANS L'ATMOSPHÈRE.
PROUT !
PROUT !
PROUT
PRRRT !
PROUT !
PROAT
ET MAINTENANT ?
IL SUFFIT DE RENDRE LE TOUT À SA PROPRIÉTAIRE.
ET C'EST TOUT ? T'ES SÛR ?
BIEN SÛR ! C'EST GÉNIAL HEIN ?
ROOOOOOO

PARCELLE
EXPÉRIMENTALE
C.I.2
Monsantro
HÉ! HÉ!
OGM
x37
OGM
???
BING!
ZRONNNNN
SPUT'.. SPUT'
BOOM!

CRS
RiiiiiiNG
RiiiiiiiiiiiiiiiiiiNG
ALLO ?...
ON PASSERA TE PRENDRE AVEC LA FOURGONNETTE VERS 22H ... TIENS-TOI PRÊT !
HALTE AUX OGM
OGM BEUARK!
COMMENT ÇA TU NE VIENS PLUS FAUCHER LE MAÏS OGM AVEC NOUS ?!
NON
DÉSOLÉ, JE ME SENS PAS TRÈS BIEN, J'AI DÛ CHOPER UN TRUC... MAIS JE SUIS DE TOUT COEUR AVEC VOUS LES GARS... ET SURTOUT BON COURAGE !
UN CONSEIL...
DES CASQUES ET DES PANSEMENTS !?
POURQUOI TU VEUX QU'ON PRENNE ÇA ?!

Y'EN A TROP ! FAUT FAIRE DES BATTUES !
IL FAUT TOUS LES TUER, OUAIS !!
ALLONS MES AMIS, UN PEU DE CALME ! LAISSONS PARLER NOS INVITÉS.
BOUUUUHHH !!
MAIRIE
Les Verts
BÉÉÉÉ!
CHERS BERGERS, NOUS COMPRENONS VOTRE MAL-ÊTRE MAIS NOUS PRÉCONISONS UNE SOLUTION ALTERNATIVE...
MAIRI
CAPTURONS-LES VIVANTS, FAISONS UNE VASECTOMIE AUX MÂLES PUIS RELÂCHONS-LES. AINSI LES MÂLES OPÉRÉS GARDERONT LEUR INSTINCT ET PROCÉDERONT À LA SAILLIE SUR LES FEMELLES...
...MAIS CES DERNIÈRES NE SERONT PLUS FÉCONDÉES ET, DONC, DE CETTE MANIÈRE, LA POPULATION SERA MIEUX CONTRÔLÉE.
PAS ÇA ICI !
CLAP CLAP CLAP...
OUST!
APRÈS MÛRE RÉFLEXION, NOUS SOMMES HEUREUX DE VOUS ANNONCER QUE...
... NOUS ACCEPTONS VOTRE PROPOSITION !
JE CROIS QU'IL Y A UN DÉTAIL QU'ILS N'ONT PAS COMPRIS !
ON PARLAIT BIEN DES LOUPS POURTANT ?!!

LE PAPIER, LE CARTON, LES BOUTEILLES EN PLASTIQUE ET LES BOÎTES DE CONSERVE DOIVENT ÊTRE DÉPOSÉS DANS LE BAC BLEU... LE VERRE DOIT ÊTRE DÉPOSÉ DANS LA BENNE PRÉVUE À CET EFFET... TOUT LE RESTE VA DANS LA POUBELLE NORMALE.
Journée de l'écologie
MERCI MAGALI, TRÈS BON TRAVAIL... À VOUS, MAINTENANT, D'AIDER VOS PARENTS À BIEN TRIER LEURS DÉCHETS MÉNAGERS !
NOUS ALLONS MAINTENANT ÉCOUTER PIERRE QUI VA NOUS PARLER DU RÉCHAUFFEMENT DE LA PLANÈTE...
VAS-Y PIERRE.
COMME VOUS LE SAVEZ LA TERRE SE RÉCHAUFFE. CELA EST DÛ, EN PARTIE, À L'ÉMISSION DES GAZ À EFFET DE SERRE ÉMIS DANS L'ATMOSPHÈRE PAR L'ACTIVITÉ HUMAINE : VOITURES, USINES, AGRICULTURE, ETC...
EFFET DE SERE
SEULEMENT, CERTAINS SCIENTIFIQUES SONT ENCORE PARTAGÉS ET CETTE MINORITÉ A ENCORE DE L'INFLUENCE SUR NOS POLITICIENS QUI REFUSENT DE PRENDRE LES BONNES DÉCISIONS POUR SAUVER NOTRE BELLE PLANÈTE BLEUE
....
CLIC
MESDAMES ET MESSIEURS, J'AI LE PLAISIR DE VOUS DÉVOILER LA PREUVE IRRÉFUTABLE DU RÉCHAUFFEMENT CLIMATIQUE DE LA PLANÈTE !!...
CLIC!
LA PREUVE DU RAICHOFFEMENT DE LA PLANETE
18ème siècle
1900
1950
1970
1980
1990
2006

RRRRRR
C'EST QUOI CETTE ODEUR DE GRAILLON ?
J'AI FAIT BIDOUILLER MON VIEUX DIESEL PAR BERNARD... DORÉNAVANT JE ROULE À L'HUILE DE COLZA !
C'EST BON POUR L'ENVIRONNEMENT ET AUSSI POUR MON PORTE-MONNAIE.
TU NE TROUVES PAS QU'IL NOUS MANQUE QUELQUE CHOSE ?
BIN, J'AI MIS LE ROSÉ AU FRAIS.
VIENS VOIR ÇA, J'AI UNE SURPRISE...
!!
ALORS QU'EST-CE QUE T'EN DIS ? ELLE EST PAS BELLE LA VIE ?
T'EN CONNAIS BEAUCOUP DES VOITURES QUI ONT L'OPTION FRITEUSE ?

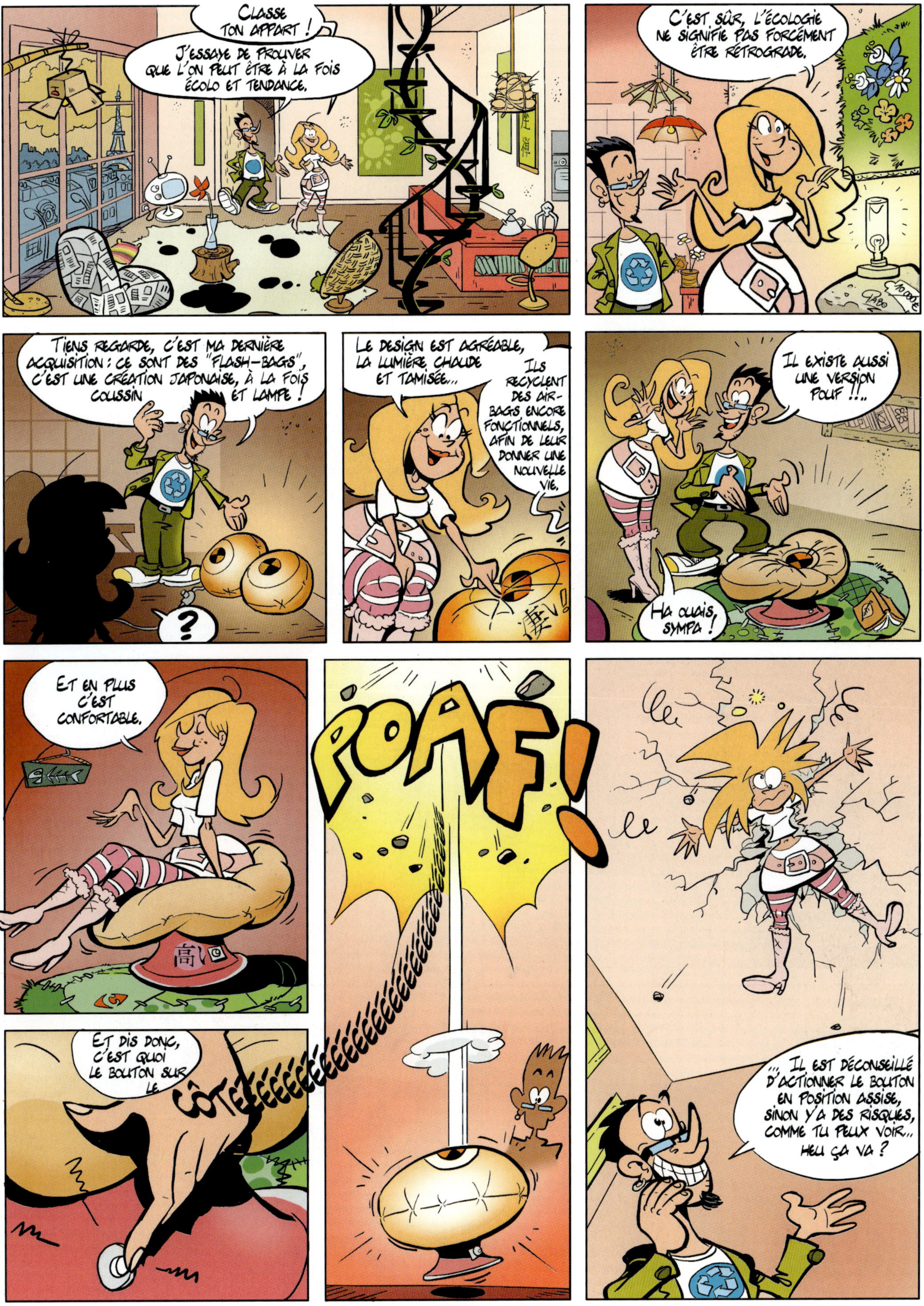
Classe ton appart !
J'essaye de prouver que l'on peut être à la fois écolo et tendance.
C'est sûr, l'écologie ne signifie pas forcément être rétrograde.
Tiens regarde, c'est ma dernière acquisition : ce sont des "flash-bags", c'est une création japonaise, à la fois coussin et lampe !
?
Le design est agréable, la lumière chaude et tamisée...
Ils recyclent des air-bags encore fonctionnels, afin de leur donner une nouvelle vie.
Il existe aussi une version pouf !...
Ha ouais, sympa !
Et en plus c'est confortable.
Et dis donc, c'est quoi le bouton sur le
CÔTÉÉÉÉÉÉÉÉÉÉÉÉÉÉÉÉÉÉÉÉÉÉÉÉÉÉÉÉ
POAF !
... Il est déconseillé d'actionner le bouton en position assise, sinon y'a des risques, comme tu peux voir... Heu ça va ?

KOF!
TCHI!
ATCHI!
MESDAMES ET MESSIEURS, C'EST POUR MOI UN INFIME PLAISIR QUE DE VOUS RECEVOIR DANS NOTRE MAGNIFIQUE CENTRALE NUCLÉAIRE...
PORTES OUVERTES
FLEURON DE NOTRE TECHNOLOGIE, FIERTÉ DE NOTRE RÉGION ET GRANDEUR DE NOTRE PAYS... EN UN MOT, BIENVENUE DANS LE MONDE MERVEILLEUX DU NUCLÉAIRE !
N'OUBLIEZ PAS QUE LE NUCLÉAIRE PRODUIT 80% DE L'ÉNERGIE ÉLECTRIQUE EN FRANCE.
ET POUR CAUSE, ON A RIEN DÉVELOPPÉ D'AUTRE...
LA FISSION
U235
LES DEUX UNITÉS DE PRODUCTION, D'UNE PUISSANCE DE 1300 MW CHACUNE, OCCUPENT UNE SUPERFICIE D'UNE CENTAINE D'HECTARES. CHAQUE UNITÉ DISPOSE DE SA TOUR DE REFROIDISSEMENT DE 165 M DE HAUT.
CES RÉACTEURS PRODUISENT 18 MILLIARDS DE KWH PAR AN, SOIT UN TIERS DE LA CONSOMMATION ANNUELLE D'ÉLECTRICITÉ D'ILE-DE-FRANCE.
POSTE DE SÉCURITÉ

Bienvenue dans la salle des machines avec ses deux groupes de turboalternateurs dernière génération.
La salle de commande est le cerveau d'une tranche nucléaire. C'est dans la salle de commande que sont centralisées les principales données relatives au fonctionnement de la tranche...
RON
C'est de là que partent les "ordres" transmis par les opérateurs aux différents composants et systèmes.
ON
OFF
Ce "pilotage" télécommandé fait largement appel à l'automatisation et à l'informatique. Il s'agit là d'aides indispensables pour les opérateurs.
!?
NON
Mais ce sont eux qui restent les responsables à part entière du pilotage de la tranche et qui prennent les décisions prévues par les procédures.
NON
Nous voici dans l'entrepôt intermédiaire des déchets radioactifs... Mais passons sur ce genre de détails ennuyeux. Il est l'heure de découvrir...
... notre toute nouvelle boutique souvenir. Faites-vous plaisir !
Souvenirs
Au revoir et à bientôt... Encore merci d'avoir choisi notre centrale !

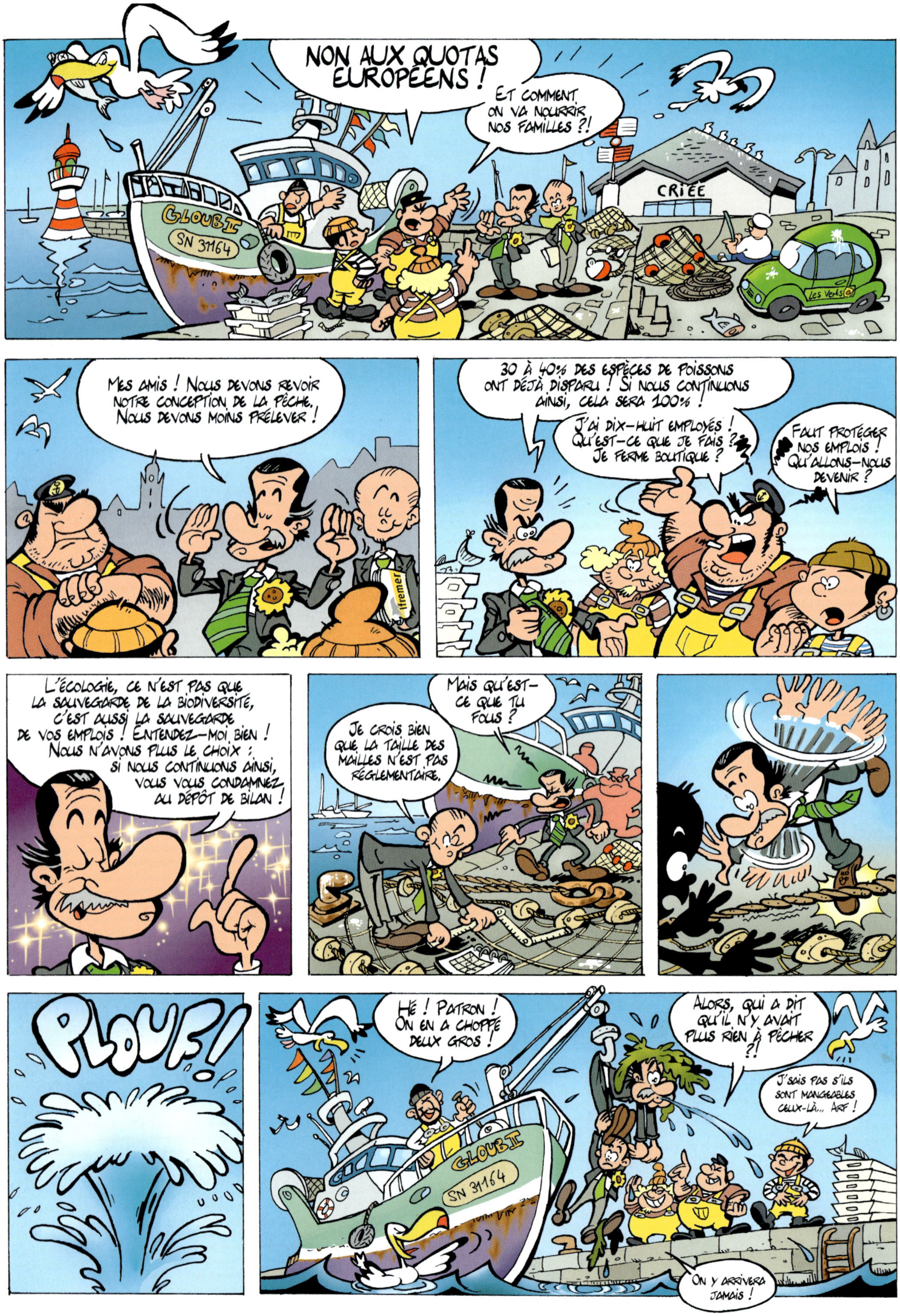
NON AUX QUOTAS EUROPÉENS !
ET COMMENT ON VA NOURRIR NOS FAMILLES ?!
CRIÉE
GLOUBI
SN 31164
Les Verts
MES AMIS ! NOUS DEVONS REVOIR NOTRE CONCEPTION DE LA PÊCHE. NOUS DEVONS MOINS PRÉLEVER !
Ifremer
30 À 40% DES ESPÈCES DE POISSONS ONT DÉJÀ DISPARU ! SI NOUS CONTINUONS AINSI, CELA SERA 100% !
J'AI DIX-HUIT EMPLOYÉS ! QU'EST-CE QUE JE FAIS ? JE FERME BOUTIQUE ?
FAUT PROTÉGER NOS EMPLOIS ! QU'ALLONS-NOUS DEVENIR ?
L'ÉCOLOGIE, CE N'EST PAS QUE LA SAUVEGARDE DE LA BIODIVERSITÉ, C'EST AUSSI LA SAUVEGARDE DE VOS EMPLOIS ! ENTENDEZ-MOI BIEN ! NOUS N'AVONS PLUS LE CHOIX : SI NOUS CONTINUONS AINSI, VOUS VOUS CONDAMNEZ AU DÉPÔT DE BILAN !
JE CROIS BIEN QUE LA TAILLE DES MAILLES N'EST PAS RÉGLEMENTAIRE.
MAIS QU'EST-CE QUE TU FOUS ?
PLOUF !
HÉ ! PATRON ! ON EN A CHOPPÉ DEUX GROS !
ALORS, QUI A DIT QU'IL N'Y AVAIT PLUS RIEN À PÊCHER ?!
J'SAIS PAS S'ILS SONT MANGEABLES CEUX-LÀ... ARF !
GLOUBI
SN 31164
ON Y ARRIVERA JAMAIS !

Oui, j'ai tout prévu, ça va se passer sur la même plage où mon père a fait la sienne il y a trente ans !
Il m'a dit que c'était magique.
ALLEZ-SIMPLE.COM
ILE COCO
Gaëlle, mon amour, je t'aime ! Est-ce que tu veux devenir ma femme ?
Oh ! Noon ! Ce n'est pas possible...
Hein quoi ? Mais tu en rêves depuis toute petite !
Comment avons-nous pu faire ça ?!
INTERDIT AU PUBLIC
DÉCHARGE

C'EST INCROYABLE TOUTES LES COCHONNERIES QUE L'ON TROUVE DANS LES COSMÉTIQUES !
NATURE
ET LE MOT EST FAIBLE, ÉCOUTE UN PEU ÇA : TROUBLES DE NAISSANCE DE L'APPAREIL REPRODUCTEUR MASCULIN, POUVOIR ALLERGISANT, EFFETS CANCÉROGÈNES, PERTURBATIONS HORMONALES GRAVES...
www.BEURK.FR
GREEN PIECE
PARABEN
DANGER
ethers de glycol
phtalates
alkylphénols
colorants artificiels
Ushuaïa
NATURE
TU TE RENDS COMPTE QUE L'ON RETROUVE CES PRODUITS TOXIQUES DANS LE CORDON OMBILICAL D'UN NOUVEAU-NÉ ! IL FAUT VRAIMENT BOYCOTTER CES PRODUITS, LE TEMPS QUE LES INDUSTRIELS PRENNENT CONSCIENCE QUE L'ON NE VEUT PLUS ÊTRE EMPOISONNÉS !!
T'AS RAISON MA PUCE !...
D'AUTANT QUE L'ON TROUVE PLEIN DE COSMÉTIQUES BIO MAINTENANT...
ON PEUT MÊME FABRIQUER SES PROPRES PRODUITS DE BEAUTÉ, CE N'EST PAS SI COMPLIQUÉ.
BAF!
37800 0371
500
ET PAF ! UN POLLUEUR EN MOINS !
UN JAUNE D'OEUF, UNE CUILLÈRE À SOUPE D'HUILE D'OLIVE, QUELQUES GOUTTES DE CITRON ...
Recette du jour
Masque de beauté
ingrédients:
1 jaune d'oeuf,
1 cs d'huile d'olive,
citron,
miel
BIO
LE TOUT DANS LE MIEL QUI FOND...

STOP OGM
VINGT MINUTES DE REPOS ET HOP... AU FRIGO.
BIO
ENFIN...
HUM, QUELLE BONNE ODEUR... ET QUE DU NATUREL !
MA PEAU EST TOUT APAISÉE, C'EST VRAIMENT GÉNIAL COMME RECETTE.
REGARDE UNE ABEILLE... ET ENCORE UNE AUTRE ! C'EST BIEN DE VOIR QU'IL EN RESTE ENCORE.
AÏE !
AÏE !
VOUS AVEZ DES CRÈMES BIO ?

LE MOLOCH, OU DIABLE CORNU, EST UN ÉTRANGE LÉZARD VIVANT DANS LE DÉSERT AUSTRALIEN.
EXTRÊMEMENT VORACE, IL SE NOURRIT PRESQUE EXCLUSIVEMENT DE FOURMIS NOIRES, DONT IL PEUT CONSOMMER JUSQU'À 1500 INDIVIDUS À CHAQUE PRISE.
LE CORPS DU MOLOCH EST HÉRISSÉ D'ÉPINES ÉCAILLEUSES AUX COULEURS FLAMBOYANTES, QUI CONSTITUENT UN MOYEN DE DÉFENSE DES PLUS DISSUASIFS À L'ÉGARD DE SES PRÉDATEURS.
L'ALLURE EFFRAYANTE DU MOLOCH LUI A VALU DE TIRER SON NOM D'UN ANCIEN DIEU SÉMITE À QUI L'ON SACRIFIAIT DES ENFANTS.
HOUHOU !!.. BIN À QUOI TU PENSES ?
HEIN QUOI ?... HEU... À RIEN.
ALORS CES INSECTES GRILLÉS, QU'EST-CE QUE VOUS EN PENSEZ ?
CHOMP CHOMP BERP !..
PUNK NOT DEAD

La nature est vraiment super bien faite ! Écoute un peu ça...
"Le lichen noir et jaune s'adapte de manière remarquable aux conditions extrêmes et aux milieux difficiles..."
MILITAIRES
TERRE SAUVAGE
"... Il peut résister à de fortes variations de température, d'humidité et de salinité. Il rentre alors en une vie ralentie. C'est ce qu'on appelle une espèce reviviscente..."
TERRE SAUVAGE
Il peut se dessécher totalement. Quelques gouttes d'eau le réhydratent et il ressuscite !...
Nous qui sommes si fragiles au froid ou à la chaleur... C'est génial, hein ?!
MIRACLE
RON-PCHI
SPLACH !
AAAARGH !!! Mais t'es complètement malade ?!
Rien ! C'est juste pour une expérience qui démontre le rapprochement entre l'homme et le lichen !
Qu'est-ce que je t'ai fait ?

L'AGRICULTURE EST LA QUATRIÈME SOURCE MONDIALE D'ÉMISSION DE GAZ À EFFET DE SERRE, LA SECONDE EN FRANCE...
... UNE POLLUTION DES SOLS ET DES RIVIÈRES PAR L'USAGE INTEMPESTIF DES PESTICIDES, UN ASSÈCHEMENT DES NAPPES PHRÉATIQUES...
BOISSONS BIO
FRITES BIO
14ème CONGRÈS ÉCOLOGIQUE
... SANS OUBLIER LA TERRIBLE MENACE OGM, VÉRITABLE ÉPÉE DE DAMOCLÈS AU-DESSUS DE NOS TÊTES !
IL FAUT ACHETER BIO, ON LIMITE VRAIMENT LES RISQUES POUR LA SANTÉ !
ET PUIS AUSSI AUX PETITS PRODUCTEURS DE SA RÉGION : ÇA LIMITE LE TRANSPORT ROUTIER !
QU'EST-CE QUE TU PENSES DU MOTEUR PANTONE ?
IL FAUT BRIDER LES MOTEURS ! ÇA SERAIT DÉJÀ UNE PREMIÈRE VICTOIRE !
LES AGRICULTEURS DOIVENT CHANGER LEUR SYSTÈME D'IRRIGATION.
VRRRREUUUUUUUUUUUUU
REGARDEZ ! QU'EST-CE QU'IL FAIT ?
!
!
!

KOF KOF KOF !
HEUGH !
ARG !
MAIS ... ÇA PIQUE !!
HOOOOO ! MA TÊTE !!...
OGM
ET POUR CONCLURE ... KOF... OUI AUX OGM .... OUI AU NUCLÉAIRE !
CLAP
CLAP
CLAP
CLAP CLAP
CLAP
CLAP
J'AI PLUS DE SACS PLASTIQUES, ALLONS FAIRE LE PLEIN !
ÇA TE DIRAIT D'ALLER ACHETER UN 4X4 ? APRÈS ON IRAIT ROULER DANS LA FORÊT !
ON ÉCRASERA PLEIN D'ANIMAUX ! VIVE LA CHASSE !!
JE PROPOSE LE CLONAGE DE BÉBÉS OGM, JE RÉCLAME DES PETITS POTS AUX PESTICIDES !
STOP OGM
SI ! JE T'ASSURE ! ILS VIENNENT DE METTRE AU POINT UN PESTICIDE ANTI-ÉCOLO !

QUELLE TRISTESSE MES AMIS ! JE VOUS LE PROMETS SOLENNELLEMENT, LES COUPABLES NE RESTERONT PAS IMPUNIS.
T.V.
VODKA II
MAIS CHAQUE CHOSE EN SON TEMPS, NOUS DEVONS EN PRIORITÉ PRÉSERVER LE LITTORAL, ET NETTOYER LES DÉGÂTS...
ÇA, C'ÉTAIT LÀ BIEN AVANT, MONSIEUR LE MINISTRE
C'EST QUI CE GUIGNOL ?
C'EST LE NOUVEAU MINISTRE DE L'ENVIRONNEMENT... IL VA SE FAIRE BOUFFER PAR LES LOBBIES ET LES MULTINATIONALES.
C'EST POURQUOI JE TIENS À REMERCIER PERSONNELLEMENT TOUS LES BÉNÉVOLES QUI FONT UN TRAVAIL FORMIDABLE ET JE VOUDRAIS LEUR DIRE... MES AMIS... MERCI !
RTM
Europe 9
BONJOUR, BIENVENUE DANS VOTRE NOUVELLE...
?
VEUILLEZ SÉLECTIONNER VOTRE CARBURANT...
VOUS AVEZ SÉLECTIONNÉ DIETSEL...
VOUS POUVEZ MAINTENANT RETIRER VOTRE CARTE BLEUE ET VOUS SERVIR...
TATOL VOUS REMERCIE DE VOTRE VISITE ET VOUS SOUHAITE UNE AGRÉABLE JOURNÉE !!

STOP PLUTONIUM
NON AU NUCLÉAIRE
NON À L'AUTOROUTE!
STOP À LA DÉFORESTATION
DDE
NON À L'EPR
OUI AU SOLAIRE
USHUAÏA
T'AS RIEN RANGÉ ?! JE T'AVAIS POURTANT DEMANDÉ DE FAIRE UN PEU DE MÉNAGE !
JE LE FERAI DEMAIN, PUPUCE...
ON MANGE QUOI CE SOIR ?
NON AUX FAINÉANTS

UR-86
NON AUX OGM !!!
OGM = DANGER
PARCELLES TEST
COMME VOUS LE SAVEZ, NOTRE DERNIÈRE INTERVENTION S'EST SOLDÉE PAR UN ÉCHEC ! C'EST POURQUOI J'AI MODIFIÉ NOTRE STRATÉGIE.
IL SUFFIT DE S'INSPIRER DE LA NATURE... UN MOT, UN SEUL...
OGM
LE MIMÉTISME !

Et pour moi, une salade de papaye et une soupe d'ailerons de requin.
Mais, tu vas pas manger ça quand même ?!
Pourquoi ? C'est très bon !
Deux bonnes raisons à cela... Sache que la population de requins est en grave déclin. Certaines espèces sont en voie de disparition, tout ça parce que des gens comme toi veulent leur petite soupe !
T'énerve pas bébé, je savais pas...
Et la deuxième raison alors ?
Sois content de ne pas la connaître, crois-moi !..

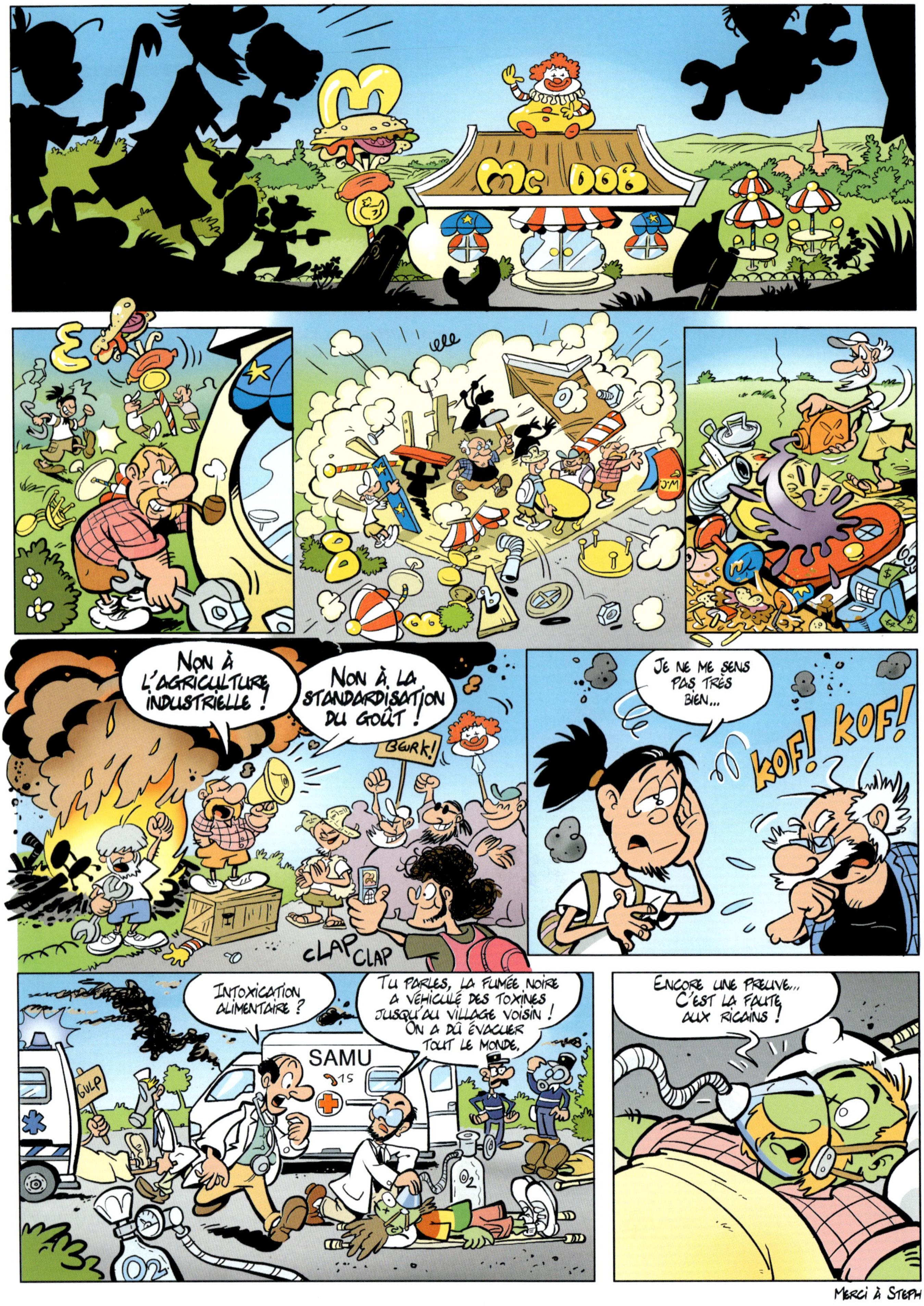

Merci à Steph

CNRS
BONJOUR, J'AI UNE PETITE QUESTION...
AVEZ-VOUS CONSTATÉ UN RÉCHAUFFEMENT CHEZ VOUS DEPUIS QUELQUES ANNÉES ?
BOF, J'SAIS PAS MOI ! VOUS DEVRIEZ DEMANDER À NOTRE DOYEN.
MERCI, OÙ PUIS-JE LE TROUVER ?
C'EST PAS DUR, SA BARAQUE EST JUSTE LÀ...
...VOUS PASSEZ LE GRAND CACTUS ET C'EST JUSTE À CÔTÉ DE L'ALLÉE DES PALMIERS.
BON, FAUT QUE J'Y AILLE... YO MAN !
!

AÏIIIIIIIIIIIIE !!!
ENFIN, JE T'Y PRENDS PETIT CHENAPAN !!
?
TIENS, VOILÀ TON PÈRE ! TU VAS VOIR CE QUE TU VAS PRENDRE !
PRIVÉ
PRIVÉ
EH BIEN, QUE SE PASSE-T-IL VOISIN ?
JE DOIS VOUS DIRE QUE VOTRE FILS ME VOLE DES FRUITS TOUS LES JOURS !
OUIIIN
OH ! C'EST PAS VRAI ! HEUREUSEMENT QUE VOUS ME LE DITES !
J'ESPÈRE QUE TU TE RENDS COMPTE DE LA GRAVITÉ DE TON ACTE ?!
LES FRUITS DE MONSIEUR PATOPE SONT BOURRÉS DE PESTICIDES ! TU AS ENVIE D'ÊTRE MALADE OU QUOI ?!

GÉNIAL, IL Y A DÉJÀ DES MELONS, ON EN PREND ?
CARROUF
MC DOB
-50% PRIX DINGOS !
MAIS REGARDE D'OÙ ÇA VIENT... MAROC !?
C'EST N'IMPORTE QUOI !! TU IMAGINES LA POLLUTION ENGENDRÉE POUR LES FAIRE VENIR JUSQU'À CHEZ NOUS !
DÉJÀ LES MELONS !
MAROC
MANGEZ DES POM POM POM
GARANTI SANS OGM À 99 %
RAISIN DU CHILI !... POIRES D'ARGENTINE !... PRUNES ET PÊCHES D'AFRIQUE DU SUD !...
MIAM
HA BON ! ON FAIT QUOI ALORS ?
ON ATTEND LA SAISON ET ON ACHÈTE DES PRODUITS FRANÇAIS, ET SI POSSIBLE RÉGIONAUX AFIN DE LIMITER AU MAXIMUM LE TRANSPORT.
BON ÇA !
BIO
-30% CERVELLES SURGELÉES
C'EST ÇA ÊTRE ÉCO-CONSOMMATEUR ! EN CONSOMMANT MIEUX, NOUS AVONS LE POUVOIR DE CHANGER LA DONNE !
1er prix
BUVEZ TOUT
EAU MINÉRALE
PLEIN DE CADEAUX

-30%
LIQUIDATION TOTALE !
TU PLAISANTES OU QUOI ?! L'EAU DU ROBINET EST EXCELLENTE, ET LES BOUTEILLES EN PLASTIQUE, C'EST DU PÉTROLE !
!!
NON NON ! PAS DE PORTIONS INDIVIDUELLES ! PRENDS UNE GRANDE BOUTEILLE !
PROMO
IL FAUT LIMITER AU MAXIMUM LES DÉCHETS... D'AUTANT QU'UNE CANNETTE JETÉE DANS LA NATURE MET 200 ANS À SE DÉGRADER !
ON MANGE TROP DE VIANDE ! L'ÉLEVAGE INDUSTRIEL A UN COÛT ÉCOLOGIQUE EXORBITANT ! GAZ À EFFET DE SERRE DURANT LEUR FABRICATION, DIMINUTION DE LA BIODIVERSITÉ, POLLUTION DES SOLS, ETC...
-23,799 %
VIANDE-CHA
TU ÉVITES LE LIEU, LE MERLAN, LA SOLE, LE SAUMON D'ATLANTIQUE ET LA LOTTE... ILS SONT SUREXPLOITÉS !
MAIS TU PEUX PRENDRE DU FLÉTAN, DU BROCHET, DE LA CARPE, DE LA PERCHE, DU MAQUEREAU !
-50%
HEU, ET LE POISSON PANÉ, JE PEUX ?
7
8
MIAM
ET ON MANGE QUOI CE SOIR ?
BIOMAN
DES FRITES AUX FRAISES ?
ON PEUT PASSER AU BIOCOOP SI TU VEUX ?
AB

MONSIEUR LE PREMIER MINISTRE, NOUS DEVONS PRENDRE UNE DÉCISION POUR LA NOUVELLE CENTRALE NUCLÉAIRE...
N'OUBLIONS PAS LES ÉNERGIES ALTERNATIVES ! PRENONS EXEMPLE SUR L'AUSTRALIE QUI VIENT D'OUVRIR UNE CENTRALE SOLAIRE, ET ÇA MARCHE !!
ENVIRONNEMENT
OUI ! LANÇONS LE CHANTIER DE LA NOUVELLE CENTRALE.
C'EST BON POUR MES ACTIONS, HÉ HÉ !..
MINISTRE 1er
INDUSTRIE
POUR LE PROJET D'AUTOROUTE EST-OUEST, JE DONNE LE FEU VERT ?
IL FAUT DÉVELOPPER LE TRAIN. SI VOUS AUGMENTEZ ENCORE LE DISPOSITIF AUTOROUTIER, LES FRANÇAIS VONT CONTINUER À PRENDRE LEUR VOITURE !.
AMÉNAGEMENT
OK POUR L'AUTOROUTE ! IL Y A DES EMPLOIS À LA CLEF.
ET C'EST BON POUR MES ACTIONS, HÉ HÉ !..
MONSIEUR LE MINISTRE DE L'ENVIRONNEMENT, VOUS AVEZ LA PAROLE, DÉPÊCHEZ-VOUS, NOUS N'AVONS PLUS BEAUCOUP DE TEMPS !
AGRICULTURE, PESTICIDE ?
RECYCLAGE DES DÉCHETS ?
CHASSE, PRÉSERVATION DES ESPÈCES ?
SAUVEGARDE DE LA BIODIVERSITÉ ?
HEU... EST-CE QU'ON POURRAIT SERVIR UN PEU PLUS DE SALADE À LA CANTINE ?
URGENT
PAS URGENT
ACCORDÉ !
OUI ! ÇA BOUGE ! JE LE SENS, LA RÉVOLUTION VERTE EST EN MARCHE !..

C'RÉALES ! C'RÉALES !
ÇA ARRIVE JOSÉ, CALME-TOI UN PEU !
OUAiiiis
TOUS LES MATINS, C'EST LE MÊME CIRQUE, JE NE SAIS PAS CE QU'IL A AVEC CES CÉRÉALES.
CROKI
HiHiAHAHÉ !
DIS-MOI M'MAN, T'ES SÛRE QU'IL EST GARANTI SANS OGM CE MAÏS SOUFFLÉ ?
OUI, POURQUOI ?
CROKI

BIO
BIO CORP
QU'EST-CE QUE TU FOUS ? TU PRENDS DES POCHES EN PLASTIQUE ?! SI GAËLLE SAVAIT ÇA !
ÉQUITABLE
AB
CALMOS YANN, J'SUIS PAS FOU ! J'AI DE L'ÉTHIQUE QUAND MÊME !
CE SONT DES NOUVEAUX SACS ENTIÈREMENT BIODÉGRADABLES À BASE D'AMIDON DE MAÏS !
NOUVEAU
LE DÉCHET 100% ÉCOLO
BIO
BIO CORP
À PLUS ERWAN ! BISE À GAËLLE.
POUF!! KOF!
6
POUF!
HAN!..
CRASH! PLAF!
MERDE!
!?
GLING
NEO PLANETE
QU'EST-CE QU'IL SE PASSE ?
JE CROIS QUE LES SACS SE SONT BIODÉGRADÉS PLUS VITE QUE PRÉVUS !...
POM
13
S.PROUT

ICI LA MAISON ÉCOLOGIQUE
CE N'EST PAS DE LA LAINE DE VERRE, ÇA ?!
SURTOUT PAS MALHEUREUX ! NOS MAISONS SONT POLLUÉES PAR LES MATÉRIAUX CHIMIQUES QUE L'ON UTILISE.
LES PARTICULES QUI S'EN ÉCHAPPENT SONT SOURCES D'ALLERGIE ET PEUVENT ÊTRE CANCÉRIGÈNES.
ALORS FINI LES CONNERIES ! MAINTENANT J'UTILISE QUE DES MATÉRIAUX 100 % BIO.
J'AI ENTENDU PARLER DE LAINE DE MOUTON...
OUI, MAIS IL EN EXISTE PLEIN D'AUTRES COMME LE COCO, LE LIN, LE BAMBOU...
HA ! VOILÀ LE CASSE-CROÛTE DU MATIN !
AUX ÉCOLOS !
AUX ÉCOLOS !
TEUF! TEUF!
ÇA VIENT D'OÙ ?
C'EST NORMAL QUE BOB MARLEY SOIT DANS MON JARDIN ?
?
PEACE MON FRÈRE !
TU SAIS QUE JE COMMENCE VRAIMENT À LES AIMER TES PETITES BRIQUES ? ELLES SONT FAITES EN QUOI AU FAIT ?
?
BRIQUE EN CHANVRE
BIO
ET C'EST AVEC ÇA QU'ON FAIT DU CANNABIS !...

TOMATES BIO, POULET AB, QUINOA ÉCOCERT, CAFÉ MAX EVELART...
TU VEUX DU JUS DE POMME BIO ?
MERCI, AU FAIT, J'AI COMMANDÉ DES BODYS EN COTON BIO ET COMMERCE ÉQUITABLE ET DES COUCHES LAVABLES POUR LE BÉBÉ.
COOL ! DEMAIN JE MONTE LE LIT ÉVOLUTIF EN BOIS FSC.
100% BIO
AVEC TOUTE LA BONNE NOURRITURE BIO QU'ON LUI DONNE, ON VA AVOIR UN BEAU BÉBÉ, SAIN, FORT, PRÊT À AFFRONTER LA VIE, AVEC TOUTES LES CHANCES DE SON CÔTÉ.
HULOT
BIO
AL GORE
JOSÉ BOVÉ LE JEU
BONNE NUIT MES P'TITS ÉCOLOS.

HIiiNNN !
COURAGE MA CHÉRIE ! PENSE AUX PÊCHEURS DE BALEINES !
OUUiiiNN !!!
!!
QUOI ?! QU'EST-CE QU'IL Y A ?!
JE CROIS QUE TU AS MANGÉ UN PEU TROP DE BIO !!!..
ARHEU !! NON AUX PETITS POTS AUX OGM !
HALTE AUX BIBERONS INDUSTRIELS !
RON!
JE ME DEMANDE SI ON NE VA PAS TROP LOIN PARFOIS ?

EN EFFET, TOUT SEMBLE EN ORDRE...
J'AI TOUT MIS EN OEUVRE POUR OBTENIR LE LABEL "AB".
NOUS ALLONS FINIR PAR LES ÉTABLES...
C'EST PAS VRAI ! ELLES ONT REMIS ÇA !
JE CROIS QUE ÇA NE VA PAS ÊTRE POSSIBLE !
MEEUUUUUUH !
BOU HOUUU !
RÉUNION ANNUELLE DES VACHES FOLLES
FARINE ANIMALE
MEEUUUUUUH !
FARINE

CLIC
GLING!!
BLING!!
ZING!!
PAPIERS
CAILLOUX
BOUCHONS
VERRE
WUUUUUUUUUUUUUU
DÉPÔT SUSPECT. DEMANDE IDENTIFICATION ET VÉRIFICATION DES DÉCHETS.
INVESTIGATION EN COURS...
IL N'A PAS PU ALLER BIEN LOIN !

FAUSSE ALERTE ! TRI DES ORDURES CORRECT. TERMINÉ.
ECO TAXE 2051
ECO TAXE 2053
ECO TAXE 2052
ECO-TAXE 2054
ECO-TAXE 2050
FUUUUUUU
RALENTIR
LA SEULE VÉRITÉ : L'ÉCOLOGIE
DÉCHET = PRISON
LES ANIMAUX SONT NOS AMIS
POLICE
SCRIII
HAAAAA!
SORTEZ DE VOTRE VÉHICULE ! DOUCEMENT, NOUS VOUS AVONS À L'OEIL !
VOTRE VÉHICULE ÉMET UNE FUMÉE SUSPECTE ! UN CONTRÔLE IMMÉDIAT ET TOTAL DOIT ÊTRE EFFECTUÉ ! VEUILLEZ OBTEMPÉRER.
VOTRE PULL N'EST PAS EN COTON BIO. VOUS AVEZ SEPT JOURS POUR LE RECYCLER ET VOUS PROCURER UN UNIFORME AUX NORMES BIO ÉQUITABLE !
HELL... OUI, CITOYEN !
CFC
ZZZ

TEST D'ÉMISSION DE CO2 EN COURS ....
MAIS...
ELLE SORT DU GARAGE...
SILENCE ! VOTRE HALEINE NE SEMBLE PAS TRÈS BIO !
80 MG DE CO2 ÉMIS
VOUS ÊTES LIMITE ! UN DE PLUS ET C'EST LE STAGE ÉCOLOGIQUE DE RÉINSERTION !
OUFFFF...
PROOOT !
83 MG DE CO2 ÉMIS !
ALERTE GÉNÉRALE ! UN TERRORISTE !!!
VOUS AVEZ TENTÉ DE NUIRE À LA PLANÈTE. VOUS ALLEZ DEVOIR PAYER POUR VOTRE CRIME. NOUS ALLONS VOUS RECYCLER.
NOOOOON
VOTE
EH BIEN, AVANCEZ !
CENTRE
ÉCOLO
LA DROICHE